DEUX ÉTUDIANTS

DE L'UNIVERSITÉ DE POITIERS,

BACON ET DESCARTES,

PAR M. BEAUSSIRE,

PROFESSEUR DE PHILOSOPHIE AU LYCÉE CHARLEMAGNE,
MEMBRE DE LA SOCIÉTÉ DES ANTIQUAIRES DE L'OUEST.

I

Poitiers peut revendiquer, parmi les étudiants de son ancienne université, les deux chefs de la philosophie moderne, Bacon et Descartes.

On sait que Bacon, après avoir terminé ses études classiques à l'âge de quinze ans, fut envoyé en France par son père, le garde des sceaux de la reine Élisabeth, à la suite de l'ambassadeur sir Amias Pawlet. Il y passa les années 1577 et 1578. « Il profita de son séjour en France, dit M. de Vauzelles [1], pour visiter plusieurs provinces de ce royaume... Il demeura même quelque temps à Poitiers, où l'avait probablement attiré et où le retint l'école de droit, alors très-florissante dans cette ville... Il nous apprend lui-même qu'il y contracta une liaison étroite avec un jeune homme de beaucoup d'esprit, qui devint dans la suite un grand personnage. »

C'est dans le bizarre ouvrage intitulé *Histoire de la vie et de la mort* que Bacon fait mention de son séjour à Poitiers. « Je me souviens, dit-il, que, dans mon adolescence, me trouvant à Poitiers, en France, je me liai familièrement avec un Français, jeune homme de beaucoup d'esprit, mais un peu bavard, qui est devenu dans la suite un homme très-éminent. Il avait coutume de déblatérer contre les défauts de la vieillesse, disant que, s'il était permis de contempler les

---

[1] *Histoire de la vie et des ouvrages de Bacon*, t. 1.

âmes des vieillards, comme on peut observer leurs corps, on n'y verrait pas moins de difformité. Et, s'abandonnant à son humeur, il s'efforçait de montrer, chez les vieillards, entre les défauts de l'âme et ceux du corps une similitude et une correspondance complètes. A la sécheresse de la peau il rapportait l'impudence; à la dureté des entrailles, l'insensibilité; aux yeux chassieux, la malignité et l'envie; aux yeux baissés, au dos courbé vers la terre, l'athéisme (car ils ne regardent plus le ciel comme auparavant); au tremblement des membres, les résolutions vacillantes et les désirs inconstants; aux doigts crochus, comme pour saisir et retenir quelque chose, l'avarice; aux rides, la ruse et la chicane; et bien d'autres choses du même genre, que j'ai oubliées [1]. »

C'est bien une boutade de jeune homme, et assurément d'un jeune homme de beaucoup d'esprit, sinon de beaucoup de jugement. Bacon, après l'avoir reproduite, reprend pour son compte, sur un ton plus sérieux, la satire de la vieillesse. Nous ne poursuivrons pas la citation. Le passage n'est pas de ceux qui font le plus d'honneur au philosophe. Il est précieux toutefois, comme attestant avec quel soin Bacon, dès son adolescence, recueillait tous les faits, tous les propos, toutes les indications dont il pouvait tirer quelque profit pour ses méditations ultérieures.

Il serait intéressant de savoir quel est le jeune habitant de Poitiers dont les paradoxes ont suggéré à Bacon un développement philosophique. J'incline à croire, avec le savant commentateur de l'*Histoire de la vie et de la mort*, M. Leslie Ellis, que c'était un étudiant de l'université. Or, à l'époque du voyage de Bacon, les registres de l'école de droit de Poitiers ne mentionnent qu'un nom auquel se soit attaché plus tard une certaine illustration : c'est le jurisconsulte Antoine Mornac, dont l'examen de licence est mentionné à l'année 1578 [2]. Mornac fut un homme éminent à tous les titres, comme légiste, comme orateur, comme littérateur et même

---

[1] *Historia vitæ et mortis : Discrimen juventutis et senectutis.* (*Bacon's Works*, London, 1859, t. II, p. 211.)

[2] « Discretus vir dominus Anthonius Mornac, diœcesis Bituricensis. » — Voyez le rapport de M. Nicias Gaillard sur les archives communales de Poitiers, dans le premier volume des *Bulletins de la Société des antiquaires de l'Ouest*.

comme poëte. Il a chanté, dans un poëme en neuf chants, les guerres de religion, après y avoir joué le rôle le plus honorable et le plus sage. Les défauts que l'on reproche à son style[1] sont précisément ceux du style de Bacon : la sécheresse jointe à l'emphase. Rien de plus vraisemblable qu'une liaison entre ces deux étudiants, que devaient rapprocher la communauté des goûts, une égale ardeur pour tous les genres de savoir, et une supériorité intellectuelle, déjà sensible chez le voyageur de seize ans, non moins que chez le jeune Français, parvenu au terme de ses études juridiques.

Le nom de Bacon ne figure pas sur les registres de l'université de Poitiers. Il n'y a pas passé d'examens, et il est probable qu'il n'en a suivi les cours que comme étudiant libre. Mais il est impossible qu'il ait passé plusieurs mois à Poitiers sans profiter des sources d'instruction que lui offrait l'Athènes de l'ouest. Le droit devait être, à son retour en Angleterre, son étude professionnelle, la préparation à ces hautes fonctions de la magistrature anglaise, dont la poursuite fut le tourment de sa jeunesse à la fois ambitieuse et besogneuse, dont l'exercice, lorsque enfin il y eut atteint, flétrit la fin de sa carrière et a imprimé à son nom une tache ineffaçable. La science du droit tient d'ailleurs une grande place dans cette province du savoir universel, qu'il s'était appropriée tout entière, suivant ses propres expressions[2]. Il l'a éclairée par d'importants travaux, dans lesquels il a apporté des qualités plutôt françaises qu'anglaises. C'est à lui qu'appartient le premier essai de codification des lois de son pays. Or la France, quelques années avant son voyage, était déjà entrée dans cette voie, où l'Angleterre répugne encore à la suivre. La célèbre ordonnance de Moulins, l'honneur du chancelier L'Hopital, avait été promulguée en 1566, et un jurisconsulte poitevin, Boiceau, venait d'en publier un savant commentaire. Est-il téméraire de conjecturer que Boiceau a été un des maîtres de Bacon?

Mais, dès cette époque, d'autres études le disputaient dans son esprit à celle de la jurisprudence. Les observations qu'il a recueillies dans son voyage en France se rapportent surtout à cette science de

[1] *Biographie universelle*, article MORNAC.
[2] Lettre à lord Burleigh, 1591. (Rémusat, *Bacon*, p. 22.)

la nature, qui fut toujours l'objet de ses plus vives prédilections. Or Poitiers, à la fin du xvi° siècle, pouvait se faire honneur de ses naturalistes comme de ses jurisconsultes. Sa faculté de médecine, bien qu'elle n'ait jamais enseigné, voyait déjà se grouper autour d'elle cette pléiade de médecins distingués qui l'illustra jusqu'au milieu du xvii° siècle, et dont l'école secondaire, qui tient si dignement sa place, garde pieusement le souvenir [1]. A côté d'eux, les sciences naturelles étaient cultivées avec succès par deux apothicaires, François Carré, plus tard médecin et doyen de la faculté, et l'excellent Jacques Contant, dont le commentaire sur Dioscorides mérita les éloges de Joseph Scaliger, et dont le fils, Paul Contant, apothicaire comme lui, devait élever un monument poétique à la science poitevine. Bacon, si passionné pour toutes les collections scientifiques, a vraisemblablement visité le riche herbier que commençaient à former François Carré et Jacques Contant, et qu'ils complétèrent cinq ans plus tard, dans leur voyage en Italie.

Poitiers offrait encore bien d'autres aliments à cette avidité de savoir qu'il apportait partout. Nous avons nommé Joseph Scaliger. Le célèbre érudit résidait alors près de Poitiers, chez un grand seigneur poitevin, Louis Chateigner de la Roche-Posay, dont il avait été le maître. A Poitiers même, commençait à fleurir cette dynastie des Sainte-Marthe, dont le plus illustre, Scévole, contrôleur général des finances en Poitou, fut maire de la ville en 1579. N'oublions pas enfin le salon littéraire de Mmes Desroches, où se réunissaient tous les beaux esprits de la province, et que ne manquaient jamais de fréquenter, quand ils s'arrêtaient à Poitiers, les beaux esprits de la France et de l'étranger.

Mais avec cette maturité d'esprit que Bacon montra dès son enfance, et qui le faisait appeler par Élisabeth son *petit chancelier*, les sciences et les lettres ne pouvaient suffire à occuper son attention. On a retrouvé dans ses papiers, et publié après sa mort, des *Notes sur l'état de la Chrétienté*, dont la rédaction, d'après certains détails, ne peut être postérieure à l'année 1582. Il les rédigea donc

[1] Voyez la Notice de M. Pilotelle sur la faculté de médecine de Poitiers. (*Mémoires de la Société des antiquaires de l'Ouest*, t. XXVII.)

aussitôt après son retour en Angleterre, et il y consigna le fruit des observations et des réflexions qu'il avait faites dans son voyage[1]. Or nulle part mieux qu'à Poitiers il n'avait pu saisir sur le vif l'état politique de la France. Cinq ans après la Saint-Barthélemy, Poitiers était encore comme une ville neutre au milieu des discordes civiles. Les protestants y étaient tolérés et y gardaient même des armes. Les Sainte-Marthe y maintenaient cet esprit de modération dont ils ne se départirent jamais, même sous la menace de l'exil. La proposition d'entrer dans la Ligue y avait été déclinée, malgré une invitation pressante du roi, et quoique l'Union eût à sa tête le chef de la noblesse poitevine, Louis de la Trémoille. Mais les passions frémissantes au sein des partis extrêmes laissaient pressentir la fin prochaine de cet état de neutralité[2]. Poitiers offrait donc au jeune observateur une image complète de toutes les opinions qui se partageaient et qui déchiraient la France. Il put en même temps y voir de très-près le spectacle le plus étrange de ce temps : la cour licencieuse et fanatique, frivole et passionnée, légère et féroce de Henri III. Le roi vint à Poitiers le 4 juillet 1577, et il y resta trois mois. L'ambassadeur d'Angleterre l'y suivit sans nul doute, et il y amena son jeune compagnon. Les particularités de son séjour en France que Bacon a pris soin de rappeler se placent à Paris, à Blois et à Poitiers. Or la cour, en 1577, avait quitté Paris pour Blois, où se trouvaient les états généraux, et c'est de Blois qu'elle se rendit à Poitiers. Elle y continua ses scandales, qui semblaient se grossir encore dans la paisible atmosphère d'une ville de province. C'est à Poitiers que l'infâme Villequier assassina sa femme en plein jour, presque sous les yeux du roi, sans encourir

[1] L'un des derniers éditeurs de Bacon, M. Spedding, conteste l'authenticité de cet opuscule (*Bacon's Works*, London, 1859, t. VII, p. 17). Le manuscrit conservé à la bibliothèque Harléienne n'est pas de sa main; aucun de ses contemporains n'en a fait mention, et il n'a été connu et publié que plus d'un siècle après sa mort. Mais le style est bien de Bacon. On y reconnaît cette façon brève, sentencieuse et, en même temps, vive et brillante d'exposer les faits et de les juger. L'imitation de Tacite, un de ses auteurs favoris, n'y est pas moins sensible que dans ses premiers *Essais*, publiés quelques années plus tard.

[2] Voyez, sur Poitiers à cette époque, *La Ligue à Poitiers*, par M. Ouvré. (*Mémoires de la Société des antiquaires de l'Ouest*, t. XXI.)

d'autre châtiment que les vers satiriques rapportés par Lestoile, et qui flétrissent à la fois l'assassin, la victime et la cour tout entière. Bacon a reproduit fortement dans ses *Notes* l'impression que lui avait laissée cette cour.

« ... Le roi de France, Henri III, âgé de trente ans [1], d'une très-faible constitution et plein d'infirmités, ce qui ne l'empêche pas de s'abandonner sans retenue aux plaisirs et à la débauche; uniquement passionné pour les danses, les festins, le commerce des femmes, les plaisirs de la chambre; peu d'esprit, mais un maintien affable et courtois; très-pauvre, malgré les exactions de toutes sortes dont il pressure ses sujets, qui murmurent hautement contre ce gouvernement vindicatif et affamé; détestant la guerre et toute nécessité d'agir, quoiqu'il ne cesse de travailler à la ruine de ceux qu'il hait, comme tous ceux de la Religion et de la maison de Bourbon; poursuivant d'une passion insensée quelques hommes qu'il a choisis pour ses favoris, sans aucune vertu ni mérite de leur part et sans rien qui justifie les faveurs qu'il leur prodigue. Ses principaux mignons sont : le duc de Joyeuse, la Valette et M. d'Au. La reine mère le gouverne plutôt par politique et par la crainte qu'elle lui inspire que par affection de sa part; cependant il lui témoigne toujours beaucoup de déférence [2]. »

Bacon ne s'est pas contenté de peindre le roi et la cour. Il juge la situation avec une hauteur de vues qui étonne dans un si jeune homme. Ce n'est ni en France ni en Espagne, c'est à Rome qu'il cherche tout d'abord le nœud du grand drame qui se joue dans la chrétienté. Le pape régnant, Grégoire XIII, un vieillard de soixante et dix ans, soutient, dans toute l'Europe, la résistance du catholicisme contre l'envahissement du protestantisme. « Si nous considérons exactement, dit Bacon, l'état du temps présent, nous trouverons qu'il obéit moins au désir de supprimer notre religion qu'à la crainte de voir tomber la sienne, si elle n'est pas à temps maintenue et relevée. En voici la raison. Il voit le roi d'Espagne déjà âgé, usé par les fatigues et les soucis, et il ne peut espérer pour lui une bien longue vie. Or, lui mort, il s'ensuivra vraisemblable-

[1] Henri III entra dans sa trente et unième année le 19 septembre 1581.
[2] *Notes on the present state of Christendom.* (*Bacon's Works*, t. VII.)

ment de grands changements dans l'état politique, et, par contrecoup, dans l'état religieux de ses provinces, quand les esprits sont partout si divisés, et quand l'Espagne elle-même est déjà si agitée, que toute la furie de l'inquisition peut à peine la contenir. En France, le sort de l'Église catholique semble dépendre de la seule vie du roi régnant, un prince débile et plein d'infirmités, qui ne semble pas fait pour vivre longtemps, et qui n'a nul espoir de laisser des héritiers. Quant au duc d'Anjou, il ne peut faire fond sur lui, et d'ailleurs l'opinion générale est que toute cette race est condamnée, par l'appauvrissement de sa constitution, à s'éteindre bientôt et sans postérité. Or la succession appartient à un prince qui fait profession de notre religion, dont les progrès deviennent tous les jours plus sensibles en France. L'Angleterre et l'Écosse appartiennent déjà, Dieu merci, tout entières à la Réforme, et elle est maîtresse de la plus grande partie de l'Allemagne. »

Telle était, en effet, la crise redoutable que traversait le catholicisme, et, indépendamment des sentiments protestants de Bacon, il était bien permis, en 1582, d'en considérer l'issue comme incertaine. On ne pouvait prévoir ni que Philippe II vivrait encore vingt ans, ni que la cause protestante perdrait son meilleur appui par l'abjuration de Henri IV.

II

Plusieurs des hommes distingués que Bacon avait pu connaître à Poitiers vivaient encore trente-neuf ans plus tard, lorsque Descartes vint à son tour y étudier la jurisprudence. On doit à M. Louis Duval, bibliothécaire de la ville de Niort, la découverte de ce fait, qui avait échappé à tous les biographes du philosophe. Il a retrouvé, sur les registres de l'ancienne école de droit de Poitiers, la mention de deux examens, soutenus avec succès par le futur auteur du *Discours de la Méthode*.

« Nobilis vir dominus Renatus Descartes, diocesis Pictaviensis,
« creatus fuit baccalaureus in utroque jure die nona, et licen-
« ciatus in eisdem canonico et civili juribus die decima mensis
« novembris, anno Domini millesimo sexcentesimo decimo sexto.

« Examinatus ad 40 theses de testamentis ordinandis in utroque

« jure, pure et simpliciter de justitia et jure; et laudetur. — « A. Deladugnie. »

« Noble homme René Descartes, du diocèse de Poitiers, a été reçu bachelier dans l'un et l'autre droit, le neuf, et licencié également dans les deux droits civil et canonique, le dix du mois de novembre 1616.

« Il a été examiné d'après 40 thèses sur l'ordonnance des testaments dans l'un et l'autre droit, et, d'une façon générale, sur la justice et le droit; et il a mérité des éloges. — A. Deladugnie[1]. »

La découverte des études juridiques de Descartes à Poitiers a

---

[1] M. Louis Duval a découvert également, sur les registres de la faculté de droit de Poitiers, la mention des examens de Pierre Descartes, le frère aîné de René.

« Nobilis vir dominus Petrus Descartes, diocesis Pictaviensis, creatus fuit baccalaureus in utroque jure die septima, et licenciatus in eisdem canonico et civili juribus die octava mensis augusti, anno Domini millesimo sexcentesimo decimo tertio. Examinatus ad l. 11 ext. 55 de reb. credit. et ad cap. Antigonus. De pactis, etc., pure et simpliciter de justitia et jure; et laudetur. — J. Gautier. »

Je regrette que, dans l'intéressante notice où il a exposé sa découverte (*Un mot sur René Descartes*, dans la Revue de l'Aunis, de la Saintonge et du Poitou, 25 février 1867), M. Duval ait cru devoir se livrer à une discussion assez conjecturale sur la généalogie du philosophe, qui serait le petit-fils, non, comme le raconte Baillet, d'un gentilhomme de Touraine, mais d'un médecin de Châtellerault. Deux savants estimables, feu M. le marquis d'Argenson (*Mémoires de la Société archéologique de Touraine*, t. IV) et M. l'abbé Lalanne (*Bulletins de la Société des antiquaires de l'Ouest*, 4ᵉ trimestre de 1857, et *Histoire de Châtellerault*, t. II), avaient déjà soutenu cette thèse, qui ne me paraît reposer que sur l'identité de nom de deux Pierre Descartes, mentionnés également par Baillet, l'un comme l'aïeul de René, l'autre, le médecin de Châtellerault, comme un membre éloigné de sa famille. Il n'est pas besoin d'ailleurs, pour rattacher Descartes au Poitou, que son grand-père y ait exercé la médecine. S'il est né en Touraine, si son père occupait une charge au parlement de Bretagne, sa famille maternelle tout entière et sa famille paternelle en grande partie étaient poitevines. Le fief des Cartes, d'où venait son nom patronymique, était un fief poitevin, ainsi que le Perron, dont il reçut le nom en naissant. C'est enfin en Poitou qu'il avait tous ses biens et, dans le nombre, une maison à Poitiers même. Aussi, quand il passa ses examens de droit, fut-il inscrit comme du diocèse de Poitiers, *diocesis Pictaviensis*.

L'auteur d'une nouvelle biographie de Descartes (*Descartes, sa vie, ses travaux, ses découvertes avant 1637*, par J. Millet, professeur de philosophie au lycée de Clermont-Ferrand), présentée comme thèse à la faculté des lettres de Paris en 1867, ignorait encore les études juridiques du philosophe. Elles ont été rapd'autant plus d'importance, qu'elle comble une lacune dans sa biographie et en explique plusieurs points restés obscurs. Baillet raconte que, après sa sortie du collége de la Flèche, en 1613, le jeune Descartes fut envoyé à Paris par son père, et qu'il y mena d'abord une vie assez dissipée, entremêlée pourtant de sérieux travaux. Sentant enfin le besoin de se soustraire au tourbillon du monde, il se retira dans une maison écartée du faubourg Saint-Germain, et s'y cacha si bien que, pendant deux ans, ses amis ne purent retrouver sa trace. Une telle retraite n'a rien de contraire à ce que nous savons de son caractère. Tandis que Bacon, le philosophe de l'expérience, dans l'intérêt de la science comme dans celui de son ambition, recherche le monde, les relations étendues, et les moyens d'action que donne une position élevée; Descartes, le philosophe de la méditation, se dérobe autant qu'il peut aux compagnies, aux correspondances, à la publicité. C'est pour y échapper qu'il quitte Paris pour la Hollande et la Hollande pour la Suède. « La science est comme une femme, écrivait-il à l'âge de vingt-trois ans, elle a sa pudeur : tant qu'elle reste auprès de son mari, on l'honore; si elle devient publique, elle s'avilit [1]. » Toutefois une reclusion complète de deux années est peu vraisemblable chez un jeune homme de dix-huit ans. Descartes avait trompé ses amis encore plus qu'ils ne le supposaient eux-mêmes tandis qu'on le croyait caché dans quelque coin de Paris, il faisait son droit à Poitiers.

Une particularité mentionnée par Baillet aurait dû le mettre sur la voie de la vérité. Il rapporte les tentatives réitérées que fit Descartes, d'après le vœu de ses parents, pour acheter des charges de judicature. Or on ne pouvait aspirer à des charges de ce genre que si l'on était gradué en droit. Ces tentatives d'ailleurs n'abou-

---

pelées, dans la soutenance, par M. Paul Janet, qui a donné lui-même une publicité plus grande à la découverte de M. Louis Duval, en la citant dans un brillant article de la *Revue des Deux-Mondes* (livraison du 15 janvier 1868, *Descartes et son génie*).

[1] « Scientia est velut mulier, quæ, si pudica apud virum maneat, colitur, si communis fiat, vilescit. » (*Œuvres inédites de Descartes*, publiées par M. Foucher de Careil, t. I, p. 4.)

tirent jamais, non, comme le dit le biographe, par la faute des circonstances, mais par le peu d'empressement que mit Descartes à en assurer le succès. Entre « les diverses occupations qu'ont les hommes en cette vie, » dit-il dans le *Discours de la Méthode,* la seule qu'il eût voulu choisir, c'était « d'employer toute sa vie à cultiver sa raison. » Et, de cette occupation même, il ne voulait pas faire ce qu'on appelle dans le monde une profession. « Je ne me sentais point, grâce à Dieu, dit-il dans le même discours, de condition qui m'obligeât à faire métier de la science pour le soulagement de ma fortune. » On reconnaît ici, avec ce besoin d'indépendance qu'éveille naturellement l'amour désintéressé de la vérité, un des traits les plus caractéristiques du génie de Descartes, la fierté aristocratique [1].

Descartes ne faisait cas d'aucune de ces sciences qui « apportent des honneurs et des richesses à ceux qui les cultivent, » et « ni l'honneur ni le gain qu'elles promettent n'étaient suffisants pour le convier à les apprendre. » Il ne fit donc son droit que pour complaire à son père. On voit cependant, par la note *laudetur* de ses examens, qu'il le fit avec succès. S'il n'aimait pas la science comme métier, il n'était indifférent à aucune des branches du savoir. C'est ainsi qu'il s'appliqua à la médecine avec une sorte de passion, bien qu'il ne la traite pas mieux que le droit lui-même dans cette revue des connaissances humaines qui ouvre le *Discours de la Méthode.* Comme Bacon, dans cette *Histoire de la vie et de la mort,* qui garde le souvenir de son passage à Poitiers, il en attendait des miracles. « L'esprit dépend si fort du tempérament et de la disposition des organes du corps, disait-il, que, s'il est possible de trouver quelque moyen qui rende communément les hommes plus sages et plus habiles qu'ils ne sont, je crois que c'est dans

---

[1] Son dernier biographe, M. Millet (ouvrage cité), lui attribue cependant des sentiments démocratiques, dont il trouve la preuve dans l'abandon du titre de sieur du Perron pour son nom patronymique de Descartes. Mais ce dernier nom était aussi un nom de fief, comme celui de du Perron, qui n'avait pour but que de le distinguer des autres membres de sa famille, et auquel il ne renonça que parce que, vivant loin des siens, il n'avait pas besoin de ce moyen de distinction.

la médecine qu'on doit le chercher. Il est vrai que celle qui est maintenant en usage contient peu de choses dont l'utilité soit si remarquable; mais, sans que j'aie aucun dessein de la mépriser, je m'assure qu'il n'y a personne, même de ceux qui en font profession, qui n'avoue que tout ce qu'on y sait n'est presque rien en comparaison de ce qui reste à y savoir, et qu'on se pourrait exempter d'une infinité de maladies tant du corps que de l'esprit, et même aussi peut-être de l'affaiblissement de la vieillesse, si on avait assez de connaissance de leurs causes et de tous les remèdes dont la nature nous a pourvus[1]. » Un philosophe distingué de nos jours, M. Albert Lemoine, a pu écrire un chapitre sur *Descartes médecin*[2]. Les observations anatomiques et les théories physiologiques abondent en effet dans ses œuvres, même dans le *Discours de la Méthode*. Aussi je ne doute pas que, dans son séjour à Poitiers, il n'ait mêlé à l'étude du droit celle de la médecine. Il y était invité, non-seulement par ses goûts personnels, mais, en quelque sorte, par ses traditions de famille, qu'il trouvait vivantes en Poitou. Il était sinon le petit-fils, du moins le parent d'un médecin de Châtellerault, et il avait aussi, du côté de sa grand'mère maternelle, un parent médecin, Jean Ferrand, qui, suivant Dreux du Radier[3], florissait à Poitiers en 1570.

Quant au droit, c'était la science professionnelle de ses parents les plus proches, de son père, le conseiller au parlement de Rennes; de son grand-oncle, Antoine Ferrand, premier lieutenant au parlement de Paris; d'un autre Ferrand, son cousin, qui fut doyen du parlement de Paris, et, à Poitiers même, de son grand-oncle maternel, René Brochard, lieutenant général de la province. Sous de tels auspices, et dans une des écoles les plus célèbres du royaume, il mit sans doute tout son zèle à s'approprier une science dont les profits matériels le touchaient peu, mais dont il ne pouvait dédaigner les principes et les applications. Toutefois ses écrits ne contiennent pas, pour le droit, comme pour la médecine, des témoignages d'un vif intérêt et d'une étude approfondie. Il ne paraît pas

---

[1] *Discours de la Méthode*, 6e partie.
[2] *L'âme et le corps*, par Albert Lemoine, p. 295.
[3] *Bibliothèque historique et critique du Poitou*.

s'en être occupé après avoir pris ses grades. Il trouva cependant plus tard occasion de mettre à profit la science qu'il avait puisée à l'école de droit de Poitiers. Dans cette retraite de Hollande, où, « parmi la foule d'un grand peuple fort actif et plus soigneux de ses propres affaires que de celles d'autrui, sans manquer d'aucune des commodités qui sont dans les villes les plus fréquentées, » il se félicitait de pouvoir « vivre aussi solitaire que dans les déserts les plus écartés, » il n'échappa pas aux tracas, aux persécutions et même aux procès. Il put s'apercevoir que le pays le plus occupé de commerce et d'industrie laisse encore une porte ouverte aux querelles de doctrines. On sait ses démêlés avec Gisbert Voët et, par suite, avec l'université d'Utrecht. Les lettres qu'il écrivit, à cette occasion, aux magistrats de la ville d'Utrecht, à l'ambassadeur de France, M. de la Thuillière [1], et à Voët lui-même, sont de véritables plaidoyers, où l'on trouve, avec l'élévation de pensée du philosophe et les éloquentes protestations de l'honnête homme outragé, la dialectique et la science du jurisconsulte.

Une autre lettre de Descartes nous offre encore un plaidoyer à la fois habile et éloquent, non plus *pro domo sua,* mais dans une cause criminelle. L'ancien élève de l'école de droit de Poitiers s'y montre ce que nous appellerions aujourd'hui un habile avocat de cour d'assises. La pièce est peu connue, et elle est assez courte pour qu'il nous soit permis de la citer tout entière.

« Monsieur [2],

« Je sais que vous avez tant d'occupations qui valent mieux que de vous arrêter à lire des compliments d'un homme qui ne fréquente ici que des paysans, que je n'ose m'ingénier de vous écrire que lorsque j'ai quelque occasion de vous importuner. Celle qui se présente maintenant est pour vous donner sujet d'exercer votre charité en la personne d'un pauvre paysan de mon voisinage, qui a

---

[1] Cette dernière lettre n'a été publiée que par M. Foucher de Careil. (*OEuvres inédites de Descartes.*)

[2] Cette lettre ne porte aucune indication de lieu, de date et de destinataire. Elle est reproduite à la page 59 du tome VIII des *OEuvres complètes de Descartes,* éditées par M. Cousin.

eu le malheur d'en tuer un autre. Ses parents ont dessein d'avoir recours à la clémence de Son Altesse, afin de tâcher d'obtenir sa grâce, et ils ont désiré aussi que je vous en écrivisse pour vous supplier de vouloir seconder leur requête, en cas que l'occasion s'en présente. Pour moi, qui ne cherche rien tant que la sécurité et le repos, je suis bien aise d'être en un pays où les crimes soient châtiés avec rigueur, pour ce que l'impunité des méchants leur donne trop de licence; mais, pour ce que, tous les mouvements de nos passions n'étant pas toujours en notre pouvoir, les meilleurs hommes commettent de très-grandes fautes; pour cela l'usage des grâces est plus utile que celui des lois, à cause qu'il vaut mieux qu'un homme de bien soit sauvé que non pas que mille méchants soient punis : aussi est-ce l'action la plus glorieuse et la plus auguste que puissent faire les princes que de pardonner. Le paysan pour qui je vous prie est ici en réputation de n'être nullement querelleur et de n'avoir jamais fait de déplaisir à personne avant ce malheur. Tout ce qu'on peut dire le plus à son désavantage est que sa mère était mariée avec celui qui est mort; mais si l'on ajoute qu'elle en était aussi fort outrageusement battue et l'avait été pendant plusieurs années qu'elle avait tenu ménage avec lui, jusqu'à ce que, enfin, elle s'en était séparée, et ainsi ne le considérait plus comme son mari, mais comme son persécuteur et son ennemi, lequel même, pour se venger de cette séparation, la menaçait d'ôter la vie à quelqu'un de ses enfants (l'un desquels est celui-ci), on trouvera que cela même sert beaucoup à l'excuser. Et comme vous savez que j'ai coutume de philosopher sur tout ce qui se présente, je vous dirai que j'ai voulu chercher la cause qui a pu porter ce pauvre homme à faire une action de laquelle son humeur paraissait être fort éloignée; et j'ai su que, au temps que ce malheur lui est arrivé, il avait une extrême affliction, à cause de la maladie d'un sien enfant, dont il attendait la mort à chaque moment, et que, pendant qu'il était auprès de lui, on le vint appeler pour secourir son beau-frère, qui était attaqué par leur commun ennemi. Ce qui fait que je ne trouve nullement étrange qu'il ne fût pas maître de soi-même en telle rencontre; car, lorsqu'on a quelque grande affliction et qu'on est mis au désespoir par la tristesse, il est certain qu'on se laisse bien plus emporter à la colère, s'il en survient quelque sujet, qu'on ne ferait en un autre temps. Et ce sont ordinairement les meilleurs hommes qui, voyant d'un côté la mort d'un fils et de l'autre le péril d'un frère, en sont le plus violemment émus. C'est pourquoi les fautes ainsi commises sans aucune malice préméditée sont, ce me semble, les plus excusables. Aussi lui fut-il pardonné par tous les principaux parents du mort, au jour même qu'ils étaient assemblés pour le mettre en terre. Et de plus les juges d'ici l'ont absous, mais par une faveur trop précipitée, laquelle ayant obligé le fiscal à se porter appelant de leur sentence, il n'ose pas se présenter derechef devant la justice, laquelle doit suivre la rigueur des lois, sans avoir égard aux personnes. Mais il supplie que l'innocence de sa vie passée lui puisse faire obtenir la grâce de Son Altesse. Je sais bien qu'il est très-utile de laisser quelquefois faire des exemples, pour donner de la crainte aux méchants; mais il me semble que le sujet qui se présente n'y est pas propre; car, outre que, le criminel étant absent, tout ce que l'on peut faire n'est que de l'empêcher de revenir dans le pays, et ainsi punir sa femme et ses enfants plus que lui, j'apprends qu'il y a quantité d'autres paysans en ces provinces qui ont commis des meurtres moins excusables, et dont la vie est moins innocente, qui ne laissent pas d'y demeurer, sans avoir aucun pardon de Son Altesse (et le mort était de ce nombre); ce qui me fait croire que, si on commençait par mon voisin à faire un exemple, ceux qui sont plus accoutumés que lui à tirer le couteau diraient qu'il n'y a que les innocents et les idiots qui tombent entre les mains de la justice, et seraient confirmés par là en leur licence. Enfin, si vous contribuez en quelque chose à faire que ce pauvre homme puisse revenir auprès de ses enfants, je puis dire que vous ferez une bonne action, et que ce sera une nouvelle obligation que vous aura, » etc.

Voyez avec quel art le défenseur officieux présente comme un malheur un crime qualifié légalement de parricide; comme il sait écarter toutes les circonstances constitutives de l'acte criminel : la préméditation, l'intention mauvaise, la jouissance pleine et entière du libre arbitre; comme il fait ressortir en même temps tout ce qui peut être une atténuation, une excuse ou une justification : la pression d'un violent chagrin, les outrages reçus, la menace d'un danger personnel, la défense d'une mère et d'un frère; comme la circonstance aggravante de la contumace est renvoyée à la fin, rappelée comme en passant et tournée même à l'avantage de l'accusé; comme enfin on sent, sous cette vieille phrase française, embarrassée d'incidentes, la clarté d'une argumentation puissante et une conviction émue, qui est déjà de l'éloquence. Si l'on a pu dire de Descartes qu'il ne tenait qu'à lui d'être le plus bel esprit de son siècle, si l'on a pu trouver en lui un médecin savant et profond, on peut dire aussi qu'il aurait pu être, comme Bacon lui-même, et plus honorablement, un excellent avocat.

III

Ce n'est pas un mince honneur pour Poitiers d'avoir contribué à former ces deux grands esprits, dont les noms sont inséparables dans l'histoire de la philosophie moderne. Non que je veuille revendiquer, au profit du Poitou, une part de leur génie et de leur gloire. Je ne goûte nullement cette espèce d'histoire naturelle appliquée aux intelligences, qui les fait dépendre presque entièrement de la race d'où est sortie leur enveloppe mortelle et du milieu où elles se sont formées. Le génie ne relève que de lui-même; il prête plus à son pays et à son siècle qu'il ne leur est redevable, et l'éclat qu'il répand autour de lui n'éclaire pas seulement une province ni même une nation, mais l'humanité tout entière. Qui ne serait heureux cependant de trouver dans sa maison, parmi ses souvenirs ou ses reliques de famille, quelque chose d'un grand homme, la trace d'une relation de parenté, d'amitié, d'hospitalité, ou même simplement de correspondance avec lui? Les villes et les provinces ne doivent pas se montrer moins jalouses de la part qu'elles peuvent avoir, si petite qu'elle soit, dans de glorieuses existences. Or quels noms plus illustres que ceux qui représentent le premier et libre effort de la pensée moderne, après le sommeil du moyen âge et les essais incohérents de la renaissance[1]?

[1] Aux noms de Bacon et de Descartes, il faut ajouter, comme honorant également le Poitou, celui de Malebranche, né, ainsi que Descartes lui-même, d'une mère poitevine, Catherine de Lauzon, dont la famille est encore honorablement représentée à Poitiers.

Je sais que beaucoup protestent contre cette parité de gloire qu'il est de tradition d'attribuer à Bacon et à Descartes. Au commencement de ce siècle, Joseph de Maistre faisait expier à Bacon, par les plus violentes et les plus injustes attaques, les éloges des encyclopédistes. Aujourd'hui c'est dans un autre camp que sa gloire est rabaissée. Les sciences positives, dans lesquelles on lui reprochait d'avoir emprisonné la pensée humaine, refusent de reconnaître en lui un de leurs adeptes, à plus forte raison leur législateur. Elles ne trouvent dans ses théories aucune des découvertes dont elles peuvent se faire honneur, et dans sa méthode aucune règle importante qui ne fût clairement connue et pratiquée efficacement avant lui. Le vénérable abbé Émery avait réfuté d'avance les censures de Joseph de Maistre, dans le sage et solide ouvrage qu'il a intitulé : *Le christianisme de Bacon*. Quant aux savants qui prétendent chasser de leur république le philosophe anglais, sans même le couronner de fleurs, je crois que leurs critiques sont l'effet d'un malentendu. On fait tort au génie philosophique de Bacon quand on le mesure à quelques théories de physique ou à quelques recettes pour faire des expériences et des inductions. Bacon et Descartes sont mis au même rang dans l'histoire de la philosophie moderne, pour avoir poursuivi une même œuvre, avec une intelligence aussi claire et aussi sûre, un courage aussi ferme et un égal succès. Tous les deux ont fait leur province de tout le savoir humain ; tous les deux ont entrepris de le réformer de fond en comble. Pour assurer cette réforme, ils s'emparent de l'instrument du savoir, l'intelligence, et ils s'efforcent d'en chasser toutes les erreurs, tous les préjugés, toutes les notions vagues et confuses qu'y avaient accumulées l'ignorance et la fausse science des siècles passés. Dans cette critique de l'esprit humain, Bacon, que l'on suppose tout occupé du monde extérieur et sensible, déploie une sagacité pénétrante et une indépendance de pensée que Descartes n'a pas surpassées, et auxquelles le plus idéaliste des philosophes français, Malebranche, s'est plu à rendre hommage en maint endroit de la *Recherche de la vérité*. Et quand il s'agit de placer l'intelligence purgée de ses vices en face de la science universelle, il prend son point d'appui, comme Descartes lui-même, non pas dans les objets extérieurs, mais dans les facultés de l'âme. De là cette fameuse classification des sciences, dont on peut critiquer l'ensemble et les détails, mais dont on ne saurait méconnaître la majestueuse ordonnance et le caractère éminemment philosophique. On ne saurait non plus méconnaître cette puissance de conception, en quelque sorte prophétique, avec laquelle Bacon a fait entrer dans son tableau, non-seulement toutes les sciences que l'on étudiait de son temps, mais celles mêmes qui devaient être les plus précieuses conquêtes de l'avenir, comme la physiologie et la philologie comparées, que notre siècle a vues naître. Quant à l'idée générale qu'il se fait de la science, c'est aussi celle de Descartes. Descartes n'est pas, en effet, ce philosophe purement méditatif que l'on se plaît quelquefois à supposer, étranger aux choses du dehors et se renfermant dans l'étude de sa propre pensée. Il aspire, comme Bacon, à la conquête de la nature par la science et par l'industrie. Son système est un système du monde, et il en attend, avec la même confiance et les mêmes illusions que Bacon, la régénération physique et morale du genre humain.

D'accord sur le but, ces puissants esprits ne se séparent que dans le choix des moyens pour l'atteindre. Bacon place toutes ses espérances dans l'induction fondée sur l'expérience; celles de Descartes reposent sur le raisonnement mathématique éclairé par l'intuition directe de l'esprit. Bacon ne repousse pas les mathématiques, mais il ne leur laisse qu'un rôle accessoire et subordonné. C'est aussi un rôle inférieur que Descartes accorde à l'expérience, dont il ne méconnaît pas d'ailleurs la nécessité. Toutes leurs erreurs sont nées de ces préoccupations exclusives. On a dit que Bacon n'avait fait que des romans, où la fiction se mêle sans cesse à la réalité; le même reproche n'a-t-il pas été fait à Descartes? Des romans en physique, des romans en métaphysique, voilà le cartésianisme, si on veut le juger par quelques doctrines particulières, non par l'influence générale qu'il a exercée et par l'impulsion qu'il a donnée aux intelligences. Il n'est pas besoin de croire aux *tourbillons* ou aux *idées innées*, pour s'incliner devant le génie de Descartes : sachons également être justes envers le génie de Bacon. Quand il s'annonça, avant Descartes, comme le réformateur de la philosophie, l'Angleterre comptait à peine dans l'Europe scientifique. Elle était loin de la France, loin de l'Allemagne, bien loin de l'Italie surtout. S'il y avait un savant illustre entre tous, non-seulement par ses découvertes, mais par la nouveauté de sa méthode, c'était Galilée. Et pourtant, nul, au xviie siècle, ne fait honneur à Galilée de la réforme entreprise par Bacon. Le premier garde sa place parmi les princes de la science; le second marque la sienne parmi les maîtres de l'esprit humain. C'est l'hommage que lui rendent tous les grands philosophes de son temps, non-seulement le sensualiste Gassendi, mais les idéalistes, Malebranche, Leibnitz et Descartes lui-même. Quand on demande à Descartes les préceptes de la méthode expérimentale, il renvoie, non pas à Galilée, mais à Bacon, déclarant qu'il n'a rien à dire après ce que celui-ci en a écrit[1]. Il reconnaît ainsi dans Bacon, non un rival ou un adversaire, mais un collaborateur, à qui il abandonne, dans la poursuite du but commun, une des deux voies qui peuvent y conduire. La postérité a confirmé ce jugement. Il est sage de nous y tenir.

[1] «Vous désirez savoir un moyen de faire des expériences utiles. A cela je n'ai rien à dire après ce que Verulamius en a écrit.» (*Lettre au père Mersenne*, édition Cousin, t. VI, p. 182.)

www.ingramcontent.com/pod-product-compliance
Lightning Source LLC
Chambersburg PA
CBHW061522040426
42450CB00008B/1750